Für Anne, Katinka, Thorsten und Martin

Bibliografische Information der Deutschen
Nationalbibliothek.
Die Deutsche Nationalbibliothek
verzeichnet diese Publikation in der
Deutschen Nationalbibliografie;
detaillierte bibliografische Daten sind
im Internet über http://dnb.d-nb.de
abrufbar.

Herstellung und Verlag: Books on Demand
GmbH, Norderstedt
ISBN 9783837071160

Umschlagfoto Katinka Jendoubi

Zeit des Erwachens

Ralf Werner Steinen

.

Inhaltsverzeichnis

Inhaltsverzeichnis

Tagtraum

Ich lieg' im weichen Purpurgras
summ' versonnen eine Weise
Ein amethystner Drache rauscht heran
lädt mich ein zur Reise
Auf geschupptem Rücken dann
braus' ich tollkühn durch die Lüfte
Über zimt'ne Berge geht die Fahrt
und durch gold'ne Klüfte
bis das Diamantmeer naht

Wir tauchen hinab in tiefste Tiefen
zu Meerjungfrauen und versunkenen Schiffen
Es begrüßt uns ein Krake so alt wie die Welt
ein silberner Wal sich zu uns gesellt
Seepferdchen tanzen ein Ballett auf Planken
um die sich lila Algen ranken
Ich nippe vom Trunk der Kindlichkeit
und bin von Zeit und Raum befreit

Vogelfrei

Wir bewundern den Vogel der fliegt
Grenzenlos scheint seine Freiheit
wenn er von starken Schwingen getragen
höher und höher gen Himmel steigt
So hoch er auch fliegt
dennoch ist er gebunden – unsichtbar zwar
aber niemals kann er entfliehen

Der Geist fliegt
alle Grenzen hinter sich lassend
Von imaginären Schwingen getragen
bereist er die entferntesten Galaxien deiner Fantasie
Ungebunden – frei

Rückführung

Einst ritt ich über endlose Steppen wogenden Grases.
Der Himmel war klar und weit.
Unter mir spürte ich jede Bewegung des Pferdes, mit Namen
„Orkai„.
Der Wind, angenehm kühl auf der Haut, zupfte und zerrte an
den Kleidern, spielte mit meinem Haar.
Das Spiegelbild im Fluss zeigte ein mandeläugiges Antlitz mit
Schnurrbart und langen, geflochtenen Zöpfen, die unter einer
Pelzmütze hervortraten.
Dieser Fremde war ich.
Mein Herz tat einen Sprung, denn ich schmeckte den
Geschmack totaler Freiheit, unverfälschten Lebens. Ich war
eins mit der Erde und den Sternen.
Ich war der Adler, der über schneegekrönten Gipfeln seine
Kreise zieht.
Als ich in die Gefangenschaft der Gegenwart zurückkehrte,
erfasste mich eine tiefe Traurigkeit.
Wie sollte ich nur weiterleben?
Ich konnte nicht so tun als wäre nichts geschehen.

Transformation

Schließe die Augen und lasse dich treiben

wiege dich im Winde gleich am Ufer den Weiden

Sei wie die Eibe die sich biegt doch nie bricht

sei wie die Fackel die niemals erlischt

Sei der Träumer und sei zugleich Traum

sei der Same und sei reifer Baum

Sei der Quell der im Gebirge entspringt

sei die Melodie die der Barde singt

Sei die Tränen die die Wangen netzen

sei ein Molekül in den Wolkenfetzen

Sei ein Gedanke tief im Geist

die Vision des Schamanen die den Pfad dir weist

Akt der Befreiung

Ausgeliefert fremden Gnaden
Still gemurrt
doch die Bürde ertragen

Einmal jemandem gewogen
als er vertraute
wurd' er belogen

Mit mentalen Stricken gebunden
Geist und Seele wurden geschunden

Äonen unsagbarer Pein
leises Schluchzen – lautes Schreien

Als die letzte Träne verrann
mutierte zum Löwen das Opferlamm

Kosmische Energie seine Fasern durchdrang
die unerbittlichen Fesseln er zum Bersten zwang

Erfüllt von Stärke
er vertrieb die Tyrannen

Ein Akt der Befreiung
sie auf ewig zu bannen

Der Wolf

Die folgende Geschichte habe ich in einem Film über den Maler Paul Gauguin gehört. Sie beeindruckte mich so stark, dass ich es für wert befand, sie aufzuschreiben.

Einmal schleppte sich ein ausgemergelter, dem Hungertode naher Wolf durch den Wald. Auf einer Lichtung begegnete er einem Hund.
„Wie kommt es, dass du so stattlich und wohlgenährt bist?„„ fragte er diesen.
„Ich lebe bei den Menschen.„„ antwortete der Hund freundlich. „Ich bekomme ausreichend Futter, habe ein trockenes, warmes Plätzchen, wohin ich mein müdes Haupt betten kann und bin ich einmal krank, so sorgt man für mich.„
Der Wolf wurde hellhörig, was dem Hund nicht entging. So schlug er dem Wolf vor:
„Komm mit mir. Lebe auch du bei den Menschen. Du wirst nie wieder Mangel leiden und alle Tage in Freude begehen.„
Da folgte der Wolf dem Hund. Nach einer Weile erreichten sie den Saum des Waldes. Als sie aus dem Schatten der Bäume ins Sonnenlicht traten, gewahrten sie ein prächtiges Haus, welches von einem hohen Zaun umgeben war. „Hier ist es.„„ sagte der Hund. Stolz schwang in seiner Stimme. Er öffnete das Tor und sprach mit einladender Geste: „Tritt ein mein Freund, das Paradies erwartet dich.„ In diesem Moment bemerkte der Wolf ein leichtes, metallisches Blitzen im Kragenfell des Hundes. „Was ist das?„„ fragte er den Gefährten etwas irritiert. Der Hund zuckte die Schultern: „Ein Halsband.„„ entgegnete er gleichmütig.
„Es tut mir leid, aber ich kann nicht mit dir gehen.„„ verabschiedete sich der Wolf. Er machte auf dem Absatz kehrt und lief in den Wald zurück, wo er bald darauf verhungerte.

Leichtigkeit des Seins

Sehe Menschen oft verzagen

höre seufzend laut sie klagen

„Ach, wie ist das Leben schwer,,

Hat denn jemals wer versprochen

das es einfach wär'

Das Schaf

Träume träumen

Taten säumen

Gedanken denken

niemals lenken

Entschlüsse fassen

Chancen verpassen

Risiken scheuen

wiederkäuen

Trommel rühren

Schlachtbank führen

Zwiesprache mit dem Sensenmann

„Sensenmann lass Gnade walten
ich bin noch nicht so weit
Hab mein Leben nicht gelebt
bloß geschuftet all die Zeit
Gewähr' noch etwas Aufschub
denn ich möchte jetzt nicht sterben
Will etwas noch erleben
bevor die anderen erben
So bitt' ich dich,,

Ungerührt der Sensenmann
hebt zu einer Antwort an:
„Menschlein spar' dir unnütz' klagen
keine Ausnahme will ich wagen
Abgelaufen deine Uhr
jetzt wirst du gestutzt
Pech dass die gegebenen Chancen
du niemals nicht genutzt,,

Lebensqualität

Maschinen, Motoren, Lärm und Gestank,

machen den modernen Menschen krank.

Hektische Betriebsamkeit,

kein Raum mehr für Besinnlichkeit.

Jung, dynamisch, fest im Takt,

mit vierzig Jahren Herzinfarkt.

Die Frage, wenn er auf der Schwelle zum Jenseits steht:

Wo war die Lebensqualität?

Er wird es nie erfahren!

Delirium Tremens

Da liegt er nun – klein, schwach und gelb,

die Leber hat den Dienst quittiert.

Er schlug alle Warnung in den Wind,

jedweder Rat wurd' ignoriert.

Da liegt er nun – den Hauch des Todes schon im Nacken,

der heiser, kalt und grausam lacht.

Erstaunt presst er durch blasse Lippen:

„Dass es so kommt, hätt' ich nicht gedacht!„

Erlösung

Ich hab mich blind im Kreis gedreht,

vom Leben von hier nach da geweht.

Meist wusste ich nicht wo ich war,

nicht mal die Richtung war mir klar.

Die Spuren bald vom Wind verwischt,

im Nebel keines Leuchtturms Licht.

Der Geist von Dogmen aufgeweicht,

das rettende Ufer nie erreicht.

Die Sinne transparent vernetzt,

mein Wille wurde weggeätzt.

Zum Schluss rein chemisch, ganz porös,

hab ich mich endlich aufgelöst.

Erkenntnis

Dein Leben lang hast du nie Gedanken dir gemacht.
Da plötzlich hat ein Schock dich fest gepackt.
Im Spiegel, graue Haare, Falten,
es starren dich an die Augen eines Alten.
Entsetzt erkennst du deine Sterblichkeit,
in der Sanduhr verrinnt deine Lebenszeit.
In Momentaufnahmen verfolgst du dein Leben zurück,
war das schon alles vom großen Glück?
Es lichten sich die Schleier,
das Entsetzen es weicht.
Heiterkeit erfasst dich,
du fühlst dich ganz leicht.
Begreifst deine Sterblichkeit als Geschenk,
und in diesem Eingedenk
beschließt du die Zeit,
die dir noch verbleibt, sinnvoll zu nutzen.
Erfüllt von dem Wissen,
welches nun tief in dir sitzt,
dass der Tod eine Gnade und keine Strafe ist.

Leise rieselt der Schnee

Leise rieselt der Schnee,

traurig schaut er auf den See.

Weihnachtlich glänzet der Wald,

einsam sein Schrei hier verhallt.

Leise rieselt der Schnee,

tote Augen starren auf den See.

Schauerlich ächzet der Wald,

der Leichnam wird langsam kalt.

Karriere eines Einfältigen

Den Schulabschluss bestand er nicht,

einen Job, den fand er nicht.

Die Schwangerschaft der Freundin positiv,

die Ehe, die ging vollends schief.

Den Alkohol vertrug er nicht,

das Denken funktionierte nicht.

Der Überfall missglückte harsch,

im Gefängnis ging's um seinen Arsch.

Das Leben, ein zu schwerer Test,

der Selbstmord, Rest vom Schützenfest.

Todessinfonie

Blutrote Dunstschwaden tauchen die Bühne des Lebens
in gespenstisches Licht.
Berauscht vom Nektar der Rache
spielst du auf zum Totentanz.
Verderben heißt die Melodie.
Stakkatos aus stählernen Fideln
künden den Untergang.
Gehirn spritzt im Dreivierteltakt,
Schreie schwellen zum Crescendo.
Full Metal Jacket Tenöre lassen Schädel bersten,
Leichenpublikum wiegt sich im Rhythmus der Apokalypse.
Trommelfeuer peitscht hin zum Finale,
Walküren stoßen ins Schicksalshorn.
Ein Solo noch,
bevor dich die Flammen des Hasses verzehren
und der letzte Vorhang fällt.

Kreis des Lebens

Der Kreis des Lebens

schließt sich in der Gnade des Todes.

Nur, um dereinst die Herausforderung

auf's Neue anzunehmen.

Ende einer Nacht

Schwärze tröpfelt vom Himmel

schmilzt dahin gleich Kerzenwachs

sickert in kleinen Bächen hinter den Horizont

Die Sternenarmada setzt Segel

und nimmt Kurs auf ihrem Heimathafen

Als frisch sprudelnde Orangenlimonade

ergießt sich der Tag ins Weltenglas

lässt einen Rest Dunkelheit über den Rand schwappen

Letzte Tintenkleckse verdunsten im erstarkenden Licht

Vergänglichkeit

Küsse versanden zur Düne einer Wüste

Erinnerungen verblassen zu blindem Glas

Worte welken auf brachem Acker

Träume zerfallen zu Staub

Tränen füllen den Brunnen des Vergessens

Bewusstsein kapituliert vor den Mauern der Dimensionen

Nur die Zeit zieht beständig ihre Kreise

Worte

Worte sind -

streichelnde Hände

schlagende Fäuste

liebkosende Zungen

strafende Peitschen

heilender Balsam

lähmendes Gift

schützender Panzer

tödliches Schwert

Worte bilden Sprache damit wir uns verstehen

Verstehen?

Worte sind meist bloß hohle Phrase

Zeit des Erwachens

Süß ist der Schlummer in Unwissenheit,

behütet die Jungfräulichkeit mit seidenen Laken.

Bitter ist das Erwachen im Dornengestrüpp

und alle Unschuld verloren

Apokalypse

Gedanken detonieren,

der Flüsse Wasser bergan fließt.

Herzen implodieren,

ein Fötus laut Tucholsky liest.

Eisbären erfrieren,

ein Geschwür in den Gedärmen sprießt.

Kulturen kollabieren,

auf Gottes Acker tanzt das Biest.

Kernspaltung

Puderbestäubtes Backwerk,

gezeugt in ranziger Butter,

dessen Zuckerguss zähfließend

die formlose Ödnis überzieht

und das Schreien der Stille erstickt.

Verführer

Blendwerk makelloser Schönheit

wohlfeiler Rede

Fäulnis mit greller Schminke übertüncht

Verwesungsgeruch von schwerem Parfüm überlagert

Rotlackierte Nägel streichen verheißungsvoll

über fein gewebtes Leichentuch

Verführerische Lippen fordern auf zur tödlichen Umarmung

In blutigen Lettern geschrieben findet am Mahnmal

sich dein Name

Und Hure Krieg lacht

Krieg

Wenn Worte verstummen,

stirbt die Vernunft.

Wenn Waffen sprechen,

stirbt der Mensch.

Und das Echo des Schweigens

überzieht die Welt.

Göttertränen

Als der Busen der Hoffnung verdorrt

verstummt der Sternensang der Götter.

Blutige Tränen liebenden Feuers

ertränken des Narzissten Monumente

in der Schlacke erstarrten Glases.

Idylle am Teich

Blitzende Blechdosensplitter verschmelzen

zu schillernden Schatten im motoröligen Farbenspiel.

Faulige Sumpfdotterblumen duften betörend nach Chemie,

während verrottende Fische rücklings bizarre Muster weben.

Am Abgrund

Zwei Fingerbreit hin zum Abgrund –
zum gähnend schwarzen Schlund.
Es zieht mich die Tiefe,
als ob sie mich riefe.
Gewahre Fleische sich biegen,
im Soge der Lügen.
Ich muss sie ergründen,
all die bitteren Sünden.
Geht der nächste Tritt fehl
erwartet mich Hel –
um bei denen zu verweilen
die den Strohtod erleiden.
Keine Zeit mehr für Zaudern oder Zagen,
muss die Last auf meinen Schultern tragen!
Muss die Kluft überwinden
um Mimirs Brunnen zu finden.
Die Würfel sind gefallen!

Die Externsteine

Einst Donnerer Thor
bettete nieder sein Heldenhaupt
an sonnigem Waldesrande

Nach hartem Ringen
gar viele Riesen er erschlug
Schnell kam ihn anheim erquickender Schlummer
nicht ahnend des Harms
den listige Thursen hegten wider ihn

Als war zu vernehmen
des Blitzeschleuderers Schnarchen
sie eilten heran
Odins Sohn zu meucheln

In verstecktem Astwerk eine Elster hockte
Unheil zög herauf ihr deuchte
So stieß das Vöglein einen Warnruf aus
welcher sollte Thor erretten

Flugs sprang aus dem Schlaf der auf
Mjöllnir bei der Hand
Machte den Garaus Udgards Streitern
jene sich wandelten zu Stein

So steh'n sie auf ewig
Stumme Zeugen
der Elster Tapferkeit

Einsiedler

Entschlüsselst die Rätsel

von Kosmos und Natur

Allein zu ergründen

der Menschen Handeln Sinn

oh Eremit

bleibt dir ewiglich verwehrt

Glaubenssache

Glaube was ist das
hab als Kind ich gefragt
Geh hin zur Kirche
hat man darauf mir gesagt
Dort kniete ich dann demütig nieder
düstere Worte von Schuld und Sünde
waren mir zuwider
Gerede über Verdammnis ängstigte nur
von froher Botschaft keine Spur
Der christliche Glaube blieb mir fremd
ich streifte ihn ab wie ein unpassend' Hemd
Wandte mich zu den alten Göttern der Ahnen
aus den edlen Geschlechtern der Asen und Wanen
In meinem Herzen wurde heiliges Feuer entfacht
hellichter Tag trat an die Stelle der Nacht
Allgegenwärtig in jedem Baum und jedem Strauch
schärf' deine Sinne dann fühlst du sie auch

Götterdämmerung

Odin der Ase goldbehelmt
Herrscher des Himmels und der Welt

Tyr der Krieger mit einer Hand
die zweite verlor'n als er Fenris band

Thor der Donnerer Allvaters Sohn
Schrecken der Eisriesen immer schon

Es eilen die Götter und Walhalls jeder Held
entgegen dem Feinde auf dem Wigridfeld

Es entsteigt die Schlange des Meeres Dampf
die Thursen rüsten sich zum Kampf

Es wütet entfesselt das Wolfsungeheuer
auf Flammenrossen heran stürmen die Söhne des Feuers

Heimdall bläst ins Horn mit Macht
die Heere stürzen in die Schlacht

Odin lange mit der Bestie ringt
bis Fenris obsiegt und ihn verschlingt

Thors Hammer streckt die Midgardschlange dahin
von pest'gem Odem daselbst geschlagen der wider ihn gespien

Es sinken die Sterne tief ins Meer
unter den Helden geht der Tod einher

Surtur der Schwarze verbrennt die Welt
ein jeder Gott der Asen fällt

Es recken zum Himmel sich blutige Hände
alles verheert die Zeiten zu Ende

Die Welt vergangen alle Urteile gefällt
eine heilige Fügung vom Schicksal bestellt

Das Meer in tosenden Wellen erbebt
aus den Tiefen eine neue Erde entsteht

Verschont vom Weltenbrand Mann und Weib
ein edles Geschlecht entspringt ihrem Leib

Die Götter der Asen wiedergeboren
finden jene goldenen Tafeln welche am Anfang verloren

Auf Idas Ebene sie entbieten ihre Grüße
erinnern der Runen und alten Beschlüsse

Die Quelle des Bösen ist versiegt
alles Übel aus der Welt getilgt

Menschen und Götter leben alle Zeit
in Frieden und in Einigkeit

Heidnische Gedanken

Stellt euch vor, des Christengottes Sohn
würde wieder hier auf Erden wandeln.

Was glaubt ihr, würde wohl geschehen?
Wären Politiker und Kirchenfürsten in der Lage zu begreifen?

Oder würden sie ihn diffamieren,
als Volksverhetzer verfolgen,
als Terroristen verurteilen,
als Wahnsinnigen ins Irrenhaus sperren?

Müsste er erkennen, dass sein Opfer umsonst war,
dass die Menschheit nichts dazugelernt hat?

Würde er nicht abwinken und die Unverbesserlichen
ihrem unentrinnbaren Schicksal überlassen?

Seht euch nur um und ihr werdet die richtigen Schlüsse
ziehen!

Opferrauch

Es brennen neun Feuer
im heiligen Hain
Nordwind trägt
Opferrauch zum Götterheim
Kräuselt sich in Asgards Hallen
findet Wotans Wohlgefallen
Zeugt von Liebe die nie vergeht
über den Tod hinaus besteht
Knüpft ein ewig während' Band
tausend Recken das Schwert in der Hand
Drachenboote ziehen in den Krieg
bitten Allvater um den Sieg
Sollte einen im Kampfe
das Schicksal ereilen
als Einherier wird er
in Walhall verweilen
bis das Zeitenende naht

Pfad des Nordens

Ich suche den Kämpfer

der den Feind in mir besiegt

Ich suche den Weisen

der alle Fragen stellt

Ich suche den Narren

der sämtliche Antworten kennt

Ich suche das Leben

um mich selbst zu finden

Ich sehe das Zeichen des Hammers

und folge dem Pfad des Nordens

Ruine

Ein verwittert Basaltstück raunt zu mir Geschichten,
von Zeiten und Taten, von dunklen und lichten.
Steinerner Zeuge, stumm, doch beredt',
für den, der die Zeichen zu deuten versteht.
Vom Odem der Götter sanft berührt,
der ihren Geist noch in sich birgt.
Wo einst des Hornes Ruf erklang,
der Sänger Minnelieder sang,
Recken fochten in den Schranken,
derweil sich Forst und Efeu ranken.
Verfallen der Zitadelle Mauerkranz,
verloschen der Halle stolzer Glanz.
Vom Sturm der Jahrhunderte geschleift und geschunden,
den Blicken der Lebenden auf immer entschwunden.
So träume süß, edler Spross aus Asgards Lenden,
gehab dich wohl, Hort der Legenden.

Rune

Rune Rune

Zauberzeichen

Schnitzte dich

heraus aus Eichen

Hauchte ein dir

heil'gen Odem

Bist mein Amulett

mein Totem

Erbiete angemess'ne Ehr'

Heil dir Asengott

mein Herr

Sonnenfinsternis

Die Zeit hält ihren Atem an
als der Vögel Lied verklungen.
Nackt liegt Mutter Erde da,
von Finsternis durchdrungen.

Ist es das Ende,
oder ist es die Wende,
werden wir Sunna wiedersehen?
Wird König Artus auferstehen,
oder kennt die Mondin kein Erbarmen?

Dunkle Propheten lauthals warnen!

Folgt der schwarzen Sonne Ragnarök,
verschlingt Fenris der Welten Herzestück?
Wird das Schicksalsrad sich drehen,
wird der Kelch vorübergehen?
Wer wird verlieren, wer gewinnen?

Die Nornen ihre Fäden spinnen!

Willkommen

Horche auf oh Wanderer

vernimmst du nicht der Wölfe Heulen

Sag sind es nicht Geri und Freki

harrend in der Eschen Schatten

So freue dich oh Glücklicher

und bezähme deine Furcht

Sie heißen dich willkommen

in der Asen Reich

Der Einberufungsbescheid

Der schrille Ton der Klingel weckte Uller. Schlaftrunken schlurfte er zur Wohnungstür. „Guten Morgen.„ sagte der Postbote. „Ich habe hier ein Einschreiben für sie. Eine Unterschrift bitte.„ Uller unterzeichnete das hingehaltene Formular und nahm das Schreiben entgegen. Er wollte nur ins Bett zurück. Der Nachtdienst schlauchte ganz schön. Er sehnte sich danach, noch einige Stunden zu schlafen. Mit einem halbherzigen: „Schönen Tag noch.„ schloss er die Tür hinter sich. Ohne dem Brief irgendein Interesse entgegen zu bringen, legte Uller ihn auf die Garderobe im Flur. „Ich werde später nachschauen was es ist.„ dachte der junge Mann. Er kroch unter die warme Bettdecke und war im Nu wieder eingeschlafen.

Als er drei Tage später frühmorgens von der Schicht nach Hause kam, fiel sein Blick zur Garderobe. „Der Brief, den hatte ich ja ganz vergessen.„ sagte er laut zu sich selbst. Er ergriff den Umschlag, drehte ihn in den Händen um den Absender lesen zu können. „Kreiswehrersatzamt.„ las er. Plötzlich hatte Uller einen dicken Kloß im Hals. „Verdammt, mein Einberufungsbescheid!„ fluchte er und trat gegen die Garderobe. Obwohl er nach Ablehnung seiner Verweigerung jederzeit mit dieser Nachricht hätte rechnen müssen, traf sie ihn doch völlig unvorbereitet. Insgeheim hatte Uller gehofft, man würde ihn vielleicht übersehen. Eine trügerische Hoffnung, wie er jetzt feststellen musste. Mit zitternden Fingern öffnete er den Umschlag.
1. April stand da geschrieben. „Scheiße, schon in vier Monaten!„ er war geschockt. Wütend warf er das Papier von sich, holte eine Flasche Bier aus der Kiste in der Küche, entkorkte sie mit den Zähnen und trank sie in einem Zug aus. Diesen Vorgang wiederholte Uller siebenmal, stolperte ins Bad und kotzte. Schnaufend kniete er vor der Kloschüssel, einen Gedankenwirrwar im Kopf.

Am Wochenende fuhr er zu seiner Freundin und erzählte ihr von der Hiobsbotschaft.
„Ich weiß nicht, was daran so schlimm sein soll.„ meinte diese. „Als Mann muss man das halt mitgemacht haben.„ „Du hast gut reden.„ entrüstete sich Uller. „Dich zwingt ja schließlich keiner.„ Zwei Wochen später machte er mit ihr Schluss.

Bei seinen älteren Kollegen stieß er ebenfalls auf Unverständnis. Die meisten hatten treu und brav ihrem Vaterland gedient. Einige waren gar der Meinung, es sei die schönste Zeit ihres Lebens gewesen.

So wie diese Leute, ohne zu hinterfragen, alles hinnahmen und sich ohne großen Widerstand von ihren Vorgesetzten drangsalieren ließen, glaubte Uller dies unbesehen. Aber er war anders, sein Freiheitsdrang grenzenlos. Den Anweisungen des Meisters Folge zu leisten, dass höchste der Gefühle. Er träumte davon, eines Tages sein eigener Herr zu sein, wo er nach niemandes Pfeife mehr tanzen musste. Sich rumkommandieren lassen, war auf die Dauer nicht sein Ding. „Da verlangt man von mir fünfzehn Monate meines Lebens zu opfern. Wozu? Für eine der führenden Industrienationen dürfte es ja wohl kein Problem darstellen, eine Berufsarmee zu unterhalten. Aber der Wehrpflichtige ist nun einmal die billigste Arbeitskraft, die man sich vorzustellen vermag. Und er kann noch nicht einmal kündigen.‚‚‚ dachte Uller zornig bei sich.

Die nächsten Monate waren eine Qual. Die Zeit schien ihm durch die Finger zu rinnen. Niemals zuvor war sie in derart rasendem Tempo verflogen. Unaufhaltsam rückte der 1. April näher.

Als es dann soweit war, stieg Uller frühmorgens in den Zug, der ihn zu seinem Bestimmungsort bringen sollte. Sein ganzes Gepäck bestand aus einem lädierten, braunen Lederkoffer. Er hatte niemandem erzählt, wann der Zug abfuhr. Selbst seinen Eltern nicht. Auf ihre guten Ratschläge konnte er weiß Gott verzichten. Während der Fahrt beobachtete er die ständig wechselnde Landschaft. Je näher sein Ziel heranrückte, desto mehr wünschte er, dass alles sei nur ein Alptraum, aus dem er bald zu erwachen hoffte. Uller bekam Magenschmerzen.

Der Zug rollte im Bahnhof ein. Bereits von Weitem konnte er die olivgrünen Gestalten ausmachen, die junge, mit Koffern bewaffnete, unsicher dreinschauende Männer, in barschem militärischen Ton wie Hühner herumscheuchten. Offensichtlich empfanden sie großes Vergnügen an der Sache, ihren Mienen nach zu urteilen. Uller stieg auf der Bahnsteig abgewandten Seite aus dem Abteil, um ihnen zu entgehen. Ihm war so schlecht, beinahe hätte er sich übergeben. Er war kein Feigling, aber dieses Schauspiel hatte etwas Beängstigendes. Auf einem Umweg betrat er die Bahnhofskneipe und trank mehrere Cognacs.

Das flaue Gefühl ließ nach. Uller fragte einen Passanten nach dem Weg zur Kaserne. Der Fußmarsch kam ihm vor, als ginge er zur eigenen Hinrichtung.

An der Wache zeigte er den Diensttuenden Soldaten seinen Stellungsbefehl vor. Diese wiesen auf ein Gebäude, wo er sich melden sollte. Alles sah hier für Uller gleich aus.

Mit gemischten Gefühlen betrat er das Kompaniegebäude und wurde sofort von Soldaten in Empfang genommen. Ihre Dienstgrade konnte er nicht unterscheiden. Als erstes wurde er befragt und musste einige Formulare ausfüllen. Dann bekam er eine Stube zugeteilt. Uller öffnete die Türe und auf

den noch unbezogenen Betten saßen bereits fünf Männer, die betreten vor sich hinblickten. Uller stellte sich vor. In ersten, zaghaften Bemühungen eine Unterhaltung zu beginnen, tröstete man sich damit, dass wohl alles viel besser werden würde, als man jetzt dächte. Ja, dass man hier sogar richtiggehend Spaß haben könne. Viele Kumpels wären bereits hier gewesen und hätten es ganz toll gefunden. In Wirklichkeit glaubte niemand daran.

Mit dem Befehl sie schleunigst anzuziehen, betrat ein Unteroffizier den Raum und verteilte hässliche dunkel- und hellblaufarbene Sportanzüge. Nach geraumer Zeit erscholl auf dem Gang lautes Gebrüll, welches bedeutete, dass die neuen Rekruten sofort auf dem Platz vor der Kompanie in Reih und Glied anzutreten hatten.

Als Spieß und Kompaniechef ihre Begrüßungsreden hielten, setzte Regen ein. Uller fröstelte. Als er so durchnässt dastand, und mit nur halbem Ohr den Ausführungen über Manneszucht folgte, fasste er einen Entschluss.

Nach dem Essen in der Kantine, wo sie von altgedienten Soldaten ausgiebig verarscht wurden, sollten die „Koffer,, ihre Betten bauen. Uller sah seinen Stubenkameraden eine Weile bei der Arbeit zu, legte den hässlichen Sportanzug ab und seine Zivilkleidung an. „Was machst du da?,, fragte ein Kamerad verwirrt. „Hör auf mit dem Mist. Das gibt Ärger!,, warnte ein anderer ängstlich. „Mir egal.,, sagte Uller knapp. Alle Gesichter wandten sich ihm zu. Ohne ein weiteres Wort nahm er seine Sachen und verließ den Raum.

Die Soldaten im Wachhäuschen sahen ihm verdutzt nach, als er das Kasernentor durchschritt. „Mit mir nicht!,, rief Uller aus. Von einer schweren Last befreit, verschwand er in der Abenddämmerung.

Reifeprozess

Wir waren jung, wir waren wild.
Passten nirgends recht ins Bild.
Unsere Kutten mit den Farben der Freiheit bestickt.
Zusammen gekämpft, gesoffen, gefickt.
Für die anderen nichts übrig als Hohn.
Die verdammten Spießer, was wussten die schon?!

Der Sinn stand allein nach Abenteuer,
war manch eines auch nicht ganz geheuer,
gern zahlten wir den Preis.
Niemand konnte uns zähmen,
zwang uns jemals ins Joch.
Egal ob verboten, wir taten es doch.
Die Illusion von Freiheit und grenzenlos Spaß,
Flucht aus dem Alltag, war es das?

Dann endete die Zeit der Härte,
wichtig wurden and're Werte.
Wir wurden älter, sahen ein,
das Leben kann nicht nur Party sein.
Alles bekam auf einmal Sinn,
wir reiften tief im Herzen drin.
Begannen die Welt aus neuer Perspektive zu sehen,
mit beiden Beinen fest am Boden stehend.
Handelten überlegter, toleranter, aber niemals angepasst!

Rocker

Zentaur – geschmiedet aus Fleisch, Leder und Stahl,

dessen wildes Herz dem Wolfe gleich,

stolz, aufrecht, frei.

Der Weg ist das Ziel!

Perspektiven

„Aus dem wird nie was!„„ meinten viele

Recht behielten sie –

aus ihrer Perspektive

Ein jeder hat doch and're Ziele

Zufriedenheit

Eine sinnvolle Aufgabe

ein guter Freund

einer der dich liebt

sind die Geheimnisse für Zufriedenheit

Kannst du sie enträtseln

bist du der glücklichste Mensch der Welt

So verkenne ihren Wert nicht

Prinzip der Selbstachtung

Stehe treu zu deinen Prinzipien,

in einer haltlosen Gesellschaft geben sie Halt.

Stehe treu zu deinen Prinzipien,

ist der Weg auch hart und steinig,

an seinem Ende wartet der Lohn.

Stehe treu zu deinen Prinzipien,

hüte dich vor Verrat,

denn Selbstachtung lässt sich nicht betrügen.

Scherge des Schicksals

Vom Schergen des Schicksals stets gehetzt

meist leicht doch oftmals schwer verletzt

Manches Traumes beraubt

manchen Tiefschlag verdaut

verharschen die Wunden

Doch soll es dem Schergen nie gelingen

mich auf immer in die Knie zu zwingen

Herr der Angst

Schwer ist es standhaft zu sein

wenn der Angst gift'ge Nattern

an den Wurzeln des Selbst nagen

Doch wer sich der Hydra zum Kampfe stellt

wächst an Seele und Ehre

bildet aus Wurzeln starke Stämme

Denn nur wer Angst kennt

kann Mut beweisen

Fremd

Du sagst, du kennst mich,

doch kennst du bloß die äußere Hülle.

Du sagst, du durchschaust mich,

dabei siehst du nur, was ich dich sehen lassen will.

Du sagst, du liest in mir wie in einem offenen Buch.

Mag sein, aber zwischen den Zeilen liest du nicht.

Der dunkle Bruder

Wer bist du,

dessen Blick geheimnisvoll dem meinigen begegnet,

dessen Worte meine Seele erbeben lassen,

dessen Gedanken den Meeresgrund meiner Gefühle
aufwühlen?

Dein Antlitz verzerrt,

als ein eisiger Windstoß die Wasseroberfläche kräuselt

und kündigt an den nahen Sturm.

Von Unruhe erfasst erhebe ich mich

und laufe entgegen dem sicheren Zuhause.

Lügner

Du lügst, wenn du heuchelnd fragst: „Wie geht es dir?‚‚
aber es dich gar nicht interessiert.

Du lügst, wenn du stets der Meinung der Kollegen
beipflichtest,
nur um anerkannt zu sein.

Du lügst, wenn du jeden Vorschlag deines Vorgesetzten
begeistert unterstützt, nur um voranzukommen.

Du lügst, wenn du deine Freunde lobst,
nur, damit niemand deinen Neid bemerkt.

Du lügst, wenn du behauptest vertrauenswürdig zu sein,
obwohl Gerüchte streuen zu deinen Spezialitäten zählt.

Du lügst, wenn du dich über lose Sitten und Moral empörst,
aber bei der Messe deiner Banknachbarin verstohlen auf den
Busen starrst.

Du lügst, wenn du deinem Partner schwörst: „Ich liebe dich‚‚
ihn aber bei der nächsten Kegeltour betrügst.

Du belügst dich selbst, weil du glaubst, dass dich niemand
durchschaut.

Die anderen jedoch spielen das gleiche Spiel.

So bleibt einzig die Lüge wahrhaftig.

Der Blender

Schwerer Wein die Süße deiner Gegenwart,

unerträglicher mit jedem Schluck.

Trauben schmeichelnder Worte schmecken schal in meinen
Ohren.

Das aufgesetzte Lächeln verbirgt nicht den Gaukler,

welcher mit Rebstöcken sprießender Gefühle jongliert.

Knospende Schösslinge der Zuneigung verdorren.

Deine Mystik hat ihren Zauber verloren.

Der schwarze Mann

Kennst du den Mann der sein Volk betrügt.
Erst im Westen dann im Osten,
dann alle gemeinsam.

Schwarz seine Flagge – schwarz die Gesinnung – schwarz das
Herz.

Drei Buchstaben zieren sein Banner,
dessen erster den Menschen stets Sand in die Augen streut
und so den Blick für die Realität trübt.
Denn sein Handeln steht in krassem Gegensatz zu der
Botschaft, welche dieser magische Buchstabe verheißt.

Kennst du den Mann, der unter dem Deckmantel der
Selbstlosigkeit dir Euro und Soli beschert, sich vor lauter
Sorge um das Wohlergehen der Menschen in seinem Land
genötigt sieht, Recht und Gesetz beiseite zu schieben.

Kennst du den Mann, der Gottkönig gleich in seiner
Arroganz, alle für dumm verkauft.

Wenn du ihn kennst, sei auf der Hut.

Denn sicherlich kennst du die Geschichte vom Rattenfänger

und weißt, wie sie ausgeht.

Mensch

Mutation pulsierender Atome

Elektrochemisches Wasserwesen

Manifestierung neuraler Muster

Strichcode einer Cornflakespackung

Abfallprodukt fehlgeschalteter Evolution

Karikatur göttlicher Planung

des Recyclens unwürdig

Dreierlei

Verlangt wird von dir dreierlei:

Nichts sagen!
Nicht   fragen!
Nicht   klagen!

Alternativen hast du zweierlei:

Ertragen

oder

Barrikaden!

Wofür du dich entscheidest?

Einerlei!

Droge Freiheit

Droge Freiheit weilst bei den Toten

warst zu gefährlich wurdest verboten

Doch bin ich süchtig

du meine Sucht

Kann so nicht leben

darum sei verflucht

Wildnis

Großstadtdschungel – Häusermeer

Betongebirge – Wüsten aus Teer

Paragraphenwälder – Vorschriftenseen

Raubtiere die aufrecht gehen

Überleben - einziges Gebot

Bist du schwach

dann bist du tot

So hüte dich

und traue nie

dem Trug der Hai - Society

Individualist

Heller Aufruhr in den Straßen
panisch aufgeheizte Massen.

Der Pöbel schreit nach Polizei,
denn er ist frei, ja, er ist frei!

Er, welcher gefährlicher als alle andern,
wird die Ordnung unterwandern.

Er duckt sich nicht und schweigt nicht still
sagt kerzengrade was er will.

Trachtet mit blasphemischen Geschwüren
die braven Leut' zu infizieren.

Zu der Obrigkeiten Segen
muss man ihm das Handwerk legen.

Um ein Exempel zu statuieren,
wird man „live,, ihn exekutieren.

Als Warnung für die Erben,
sich's nicht mit der Elite zu verderben.

Denn was ist schlimmer als Cholera und Pest?
Nur eines – der Individualist!

Resignation

Mein Freund – traurige Jammergestalt

wirkst auf mich vergrämt und alt

Vergaßt wovon wir früher geträumt

die Emanzipation hast du versäumt

Das System nahm dich gefangen

wurdest bei den Eiern aufgehangen

Hast dich ergeben und wurdest geschafft

Das Resultat: Lebenslange Einzelhaft

Frustration

Gedanken gekleidet in schwarzes Eisen.

Glieder gegossen aus bleierner Schwere.

Gefühle: träge, erkaltete Lava.

Gewitterumtoste Zornesfront

saugt dich ins Auge des Taifuns,

wirbelt dich herum gleich Kinderspielzeug,

weidet sich an deiner Ohnmacht.

Massenmensch

Farblos bist du

Farblos bleibst du

Hebst dich niemals ab

Bist bereits vergessen

bevor du kalt im Sarg

Nachtgedanken

Manchmal wär' man gerne tot,

alle Probleme auf ewig im Lot.

Man müsste sich nie wieder quälen,

mit kleingeist'ger Leute Erbsenzählen.

Doch wenn du nächtens bei mir bist,

weiß ich wie schön das Leben ist.

Daheim

Wenn ich spät abends durch die Siedlung am

Stadtrand spazieren gehe,

wo in blitzblank gefegten Auffahrten, frisch gewaschene,

nach Politur duftende Autos schlummernd vor sich hinparken,

wo hinter gezirkelt gestutzten Hecken, Rasen und

Ziersträuchern, jogginganzugbewehrte Menschen in ihren

hellerleuchteten, stereotypen Puppenstuben hocken

und bei Bier und Salzstangen „Wetten dass?„ glotzen,

überkommt mich so ein merkwürdiges Gefühl.

Ein Gemisch aus Verbundenheit und Abscheu.

Ich bin daheim.

Vergebliche Reue

Im Dasein bloß ein Arschloch

liegst du sterbend im Totenbett

Fährst gleich hinab zur Hölle

für Reue ist's zu spät

Der Teufel arg sich freuet

dein Leben fortgeweht

klatscht er grinsend in die Hände

da kann man seh'n wie's einem geht

Beste Freunde

Gemeinsam genießen den Sonnenuntergang

mein bester Freund und ich

Langsam werden die Schatten lang

die Luft gar wunderlich

Lustig in den Zweigen

tanzt ein drolliger Eichelhäher

Wir sitzen da und schweigen

und waren uns niemals näher